Jens Jäger

Usabilty Driven Development

GRIN Verlag

Bibliografische Information der Deutschen Nationalbibliothek:

Die Deutsche Bibliothek verzeichnet diese Publikation in der Deutschen Nationalbibliografie; detaillierte bibliografische Daten sind im Internet über http://dnb.d-nb.de/ abrufbar.

Impressum:

Druck und Bindung: Books on Demand GmbH, Norderstedt Germany
ISBN: 978-3-638-94153-2

Dieses Buch bei GRIN:

http://www.grin.com/de/e-book/91199/usabilty-driven-development

Hochschule Esslingen
University of Applied Sciences

Studienarbeit

Usabilty Driven Development

vorgelegt von
Jens Jäger

Hochschule Esslingen
University of Applied Sciences

Esslingen, im März 2008

Inhaltsverzeichnis

Abbildungsverzeichnis

Verzeichnis der verwendeten Abkürzungen

Folgende Abkürzungen werden im Verlauf der Studienarbeit verwendet. Falls der Begriff im Verlauf der Studienarbeit ausführlich erklärt wird ist das entsprechende Kapitel in Klammern angegeben.

BDD	Behaviour Driven Development (Kapitel 2.4.7 auf Seite 10)
CSS	Cascading Style Sheets
DRY	Don't repeat yourself (Kapitel 2.4.2 auf Seite 7)
HMI	Human Machine Interface
HTML	Hypertext Markup Language
KISS	Keep it simle, stupid. (Kapitel 2.4.3 auf Seite 7)
MVC	Model View Controller
TDD	Test Driven Development (Kapitel 2.4.6 auf Seite 9)
UCD	User Centered Design (Kapitel 2.3.1 auf Seite 4)
UDD	Usability Driven Development (Kapitel 3.1 auf Seite 11)
WUD	World Usability Day
XP	Extreme Programming (Kapitel 2.4.5 auf Seite 8)
YAML	Yet Another Markup Language

Kapitel 1

Motivation

Softwareentwicklung muss, um mit den Anforderungen des Marktes Schritt zu halten, mit zunehmender Geschwindigkeit erfolgen. Der Funktionsumfang selbst einfacher Anwendungen wird immer größer, die Anwendungsentwicklung somit komplexer. Zusätzlich ändern sich auch Kundenanforderungen schneller. Methoden der agilen Softwareentwicklung sind ein viel versprechender Ansatz diesen Herausforderungen zu begegnen.

Bedienbarkeit und Benutzerfreundlichkeit ist ein Qualitätsmerkmal guter Software. In Zeiten des Internets, in der die Konkurrenz nur einen Klick entfernt ist, wird Usability immer mehr zu einem entscheidenden Faktor für den Markterfolg. Agile Methoden betrachten Usability nicht in dem Maße, wie es klassische Usability zentrierte Verfahren tun.

Inhalt dieser Studienarbeit ist das Skizzieren eines Vorgehensmodells das anwenderzentrierte Softwareentwicklung mit Methoden der agilen Softwareentwicklung verknüpft. Als Vorbilder für die anwenderzentrierten Methoden sollen unter anderem IBMs Easy und das User Centered Design der Usability Professionals Association (UPA) dienen, welche mit agilen Methoden wie Behaviour Driven Development und Extreme Programming sinnvoll verknüpft werden sollen.

Die Studienarbeit teilt sich in zwei Teile. Im ersten Teil soll das Vorgehensmodell Usability Driven Development entwickelt und beschrieben werden. Im zweiten Teil wird dieses in der Praxis erprobt. Als Beispielanwendung dient dazu die Webanwendung Journizer.com. Journizer.com ist eine Webapplikation, die Dienstleistungen für Reisende bietet. Dazu gehören Blogs, Fotoalben und virtuelle Landkarten.

Kapitel 2

Begriffserklärungen

2.1 Usability

Der englische Begriff Usability hat im Deutschen zwei Übersetzungen. Zum einen Gebrauchstauglichkeit, die die Eignung eine Produktes in einem bestimmten Nutzungskontext bezeichnet. Und zum anderen Benutzerfreundlichkeit, welche die von einem Nutzer erlebte Nutzungsqualität eines Systems aufzeigt. Die Benutzerfreundlichkeit ist eng mit der Ergonomie verwandt. Da der englische Begriff prägnanter ist wird im weiteren Verlauf dieser Studienarbeit immer Usability anstelle von Gebrauchstauglichkeit oder Benutzerfreundlichkeit verwendet.

In DIN EN ISO 9241 (Deutsches Institut für Normung e.V. 2006) werden folgende Kriterien für die Usability eines Dialogsystems zusammengefasst:

- Aufgabenangemessenheit: Ein Dialog ist Aufgaben angemessen, wenn er den Benutzer unterstützt, seine Arbeitsaufgabe effektiv und effizient zu erledigen.
- Selbstbeschreibungsfähigkeit: Ein Dialog ist selbstbeschreibungsfähig, wenn jeder einzelne Dialogschritt durch Rückmeldung des Dialogsystems unmittelbar verständlich ist oder dem Benutzer auf Anfrage erklärt wird.
- Steuerbarkeit: Ein Dialog ist steuerbar, wenn der Benutzer in der Lage ist, den Dialogablauf zu starten, sowie seine Richtung und Geschwindigkeit zu beeinflussen, bis das Ziel erreicht ist.
- Erwartungskonformität: Ein Dialog ist erwartungskonform, wenn er konsistent ist und den Merkmalen des Benutzers entspricht, z. B. seinen Kenntnissen aus dem Arbeitsgebiet, seiner Ausbildung und seiner Erfahrung sowie den allgemein anerkannten Konventionen.

- Fehlertoleranz: Ein Dialog ist fehlertolerant, wenn das beabsichtigte Arbeitsergebnis trotz erkennbar fehlerhafter Eingaben entweder mit keinem oder mit minimalem Korrekturaufwand seitens des Benutzers erreicht werden kann.
- Individualisierbarkeit: Ein Dialog ist individualisierbar, wenn das Dialogsystem Anpassungen an die Erfordernisse der Arbeitsaufgabe, sowie an die individuellen Fähigkeiten und Vorlieben des Benutzers zulässt.
- Lernförderlichkeit: Ein Dialog ist lernförderlich, wenn er den Benutzer beim Erlernen des Dialogsystems unterstützt und anleitet.

2.2 Usability Test

Ein Usability Test soll die Usability einer Software oder Hardware evaluieren. Dabei werden Versuchspersonen typische Aufgaben an dem zu testenden Produkt gestellt und beobachtet welche Schwierigkeiten auftreten. Die Testperson wird angehalten die Methode des "lauten Denkens" anzuwenden. Zur Auswertung der Daten können in einem Usability Labor Tastatur und Maus Aktionen aufgezeichnet, sowie der Bildschirminhalt aufgenommen werden. Weitere Hilfen bei der Auswertung bieten Filmaufnahmen der Testperson und physiologische Werte, die Aussagen über den Streßlevel geben (Puls, Blutdruck oder Herzrhythmus). Um die genaue Orientierung innerhalb einer Bildschirmanwendung aufzuzeichnen, können Eye-Tracking-Systeme eingesetzt werden. Usability Tests können in jeder Phase der Entwicklung durchgeführt werden. Papierprototypen, Modelle (bei Hardware) und Prototypen eignen sich dazu, bereits in der Anfangsphase der Entwicklung mögliche Fehler zu erkennen und zu beseitigen. In (Nielsen 1993, Kapitel 6: Usability Testing) werden alle Aspekte eines Usability Tests beschrieben.

Neben Usability Tests mit Benutzern besteht die Möglichkeit von Experten Reviews. Der Hauptunterschied zwischen diesen Verfahren liegt in den beteiligten Akteuren. Für die Durchführung von Experten-Reviews gibt es nach (Shneiderman 1998) folgende Methoden: heuristischen Evaluation, Styleguidereviews, Konsistenzinspektion, kognitiven Durchgangs und der formalen Usability Inspektion. Auf die genannten Begriffe soll im Verlauf der Studienarbeit nicht im Detail eingegangen werden. Der Hauptvorteil eines Experten Reviews ist, dass erfahrene Tester viele nicht offensichtliche Einschränkungen erkennen können.

2.3 Anwenderzentrierte Methoden

Im diesen Abschnitt sollen, die in dieser Studienarbeit betrachteten Methoden beschrieben werden, welche, die Interaktion mit dem Anwender in den Mittelpunkt stellen.

2.3.1 User Centered Design

User Centered Design (UCD) ist ein internationaler Standard für die benutzerorientierte Gestaltung interaktiver Systeme. Der Standard ist in der DIN EN ISO 13407 festgehalten. Darin wird ein fachübergreifender, iterativer Entwicklungsprozess beschrieben. Allerdings sind die Methoden nicht genau spezifiziert. Der Iterationszyklus endet, wenn die entwickelten Lösungen den Anforderungen entsprechen.

Hier sind die vier wesentlichen Teilaufgaben des Isoprozesses beschrieben:

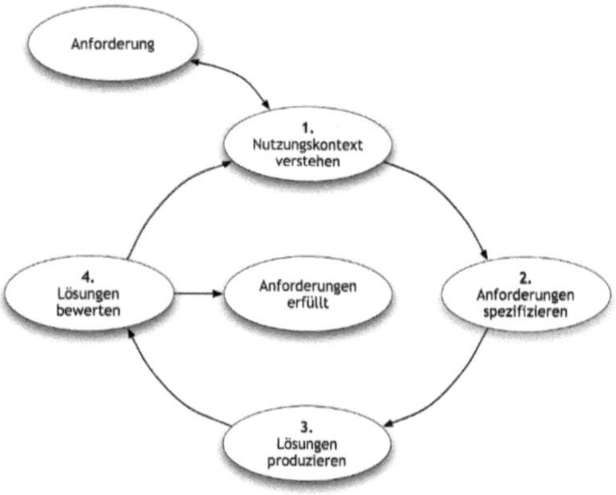

Bild 2.1: User Centered Design

1. Nutzungskontext verstehen
   Bei dieser Aktivität wird eine Dokumentation erstellt, die beschreibt welche Benutzer, welche Use Cases in welcher Umgebung durchführen sollen.

2. Spezifikation der Anforderungen
   In dieser Phase werden die Anwendungsfälle und Benutzerziele, die erreicht werden müssen damit das System erfolgreich in den Produktivbetrieb gehen kann, identifiziert und beschrieben.

3. Erstellen von Lösungen
   In der Phase "Erstellen von Lösungen" werden die zuvor spezifizierten Anforderungen implementiert.

4. Evaluierung der Lösungen
   Der wichtigste Schritt des User Centered Design ist die Evaluation der Lösungen, im Idealfall durch einen Usability Test mit zukünftigen Benutzern der Anwendung. Dabei wird die Erfüllung der festgelegten Anforderungen bewertet. Festgestellte Abweichungen sind Basis für die nächste Iteration des Entwicklungsprozesses.

Der genaue Wortlaut der Norm kann bei (Deutsches Institut für Normung e.V. 1999) nachgeschlagen werden. Eine ausführliche Beschreibung von User Centered Design bietet (Vredenburg u. a. 2002). Bei (Torres 2002) werden zahlreiche praktische Beispiele für User Centered Design beschrieben.

2.3.2 Easy of Use

Easy of Use ist ein von IBM entwickeltes Vorgehensmodel das auf UCD basiert. IBM beschreibt auf der Easy of Use Webseite (IBM - Usability Engineering Team) welchen Mehrwert gute Usability für Produkte und Dienstleistungen bietet und mit welchen Methoden und Werkzeugen diese erreicht werden kann. Es werden umfangreiche Designkonzepte, Styleguides und Projektpläne mit Phasen, Rollen und Aktivitäten vorgestellt.

2.3.3 Human-Centered Software Engineering

Das Human-Centered Software Engineering beschreibt wie Forschungsergebnisse, aus dem Bereich Human-Machine Interface[1] (HMI), in Methoden der klassischen Softwaretechnik integriert werden können. In (Seffah u. a. 2005) wird beschrieben wie Usabilityanforderungen mit UML notiert werden können und welche Usability-Techniken und Aktivitäten, wie integriert werden sollten. Es wird verglichen wie mit Komplexität aus Designersicht und aus Ingenieursicht umgegangen wird. Außerdem werden Vorgehensweisen aufgezeigt wie Human-Centered Software Engineering umgesetzt werden kann. Diese sind:

- Fuß in der Tür (für interne Usability Gruppen): Um Usability Verfahren in einer Organisation, die bis dahin keine einsetzt, einzuführen eignen sich besonders die frühen Phasen eines Projektes. In Phasen wie Analyse oder High-Level Design ist

[1] dt. Mensch-Maschine-Schnittstelle

eine Umsetzung von Usabilitygesichtspunkten einfacher durchzuführen, da für Änderungen nur wenig Arbeit des Teams weggeworfen werden muss. Die Veränderung einer bestehenden Organisation ist grundsätzlich schwierig. Deshalb muss in kleinen Schritten vorgegangen werden. Es ist wichtig Entwicklern Vorteile klar aufzuzeigen.

- Fuß in der Tür (für externe Berater): Externe Usability Berater werden üblicherweise in den späten Phasen eines Projektes hinzugezogen. Für sie ist es wichtig, die Geschäftsziele einer Organisation zu evaluieren. Diese Geschäftsziele können beispielsweise Kundenloyalität oder Konkurrenzfähigkeit sein. Es ist wichtig so schnell wie möglich einen Usability Test (siehe Kapitel 2.2 auf Seite 3) mit echten Anwendern durchzuführen. Die Stimme des Kunden sollte genutzt werden, um aufzuzeigen wie Usability helfen kann die Geschäftsziele der Organisation zu erreichen.

- Usability in frühen Projektphasen: Wenn in einer Organisation grundsätzlich akzeptiert ist anwenderzentrierten Aspekten mehr Beachtung zu schenken (Beispielsweise durch eine der beiden "Fuß in der Tür" Vorgehensweise), eignen sich frühe bis mittlere Phasen eines Projektes, um Usabilitymaßnahmen einzuführen. Der wichtigste Schritt hierbei ist die Erarbeitung eines Styleguides und die Kommunikation an alle Entwickler.

- Usability in jeder Projektphase: Diese Vorgehensweise eignet sich für Organisationen die bereits Usability in frühen Projektphasen einsetzen und eine mehr anwenderzentrierte Organisation werden wollen. Der Schlüssel dazu ist die Einrichtung eines kontinuierliche Workflows der Kommunikation und des Feedbacks über den Lebenszyklus eines Produktes. Dazu muss eine Infrastruktur für Human-Centered Software Engineering geschaffen werden, um Usabilityaktivitäten möglichst effizient durchzuführen.

2.4 Agile Methoden

In diesem Abschnitt sollen Methoden und Stichworte erklärt werden, die unter dem Oberbegriff Agile Softwareentwicklung zusammengefasst werden können.

2.4.1 Agile Werte

Im Februar 2001 wurde von einer Gruppe von 17 Softwareentwicklern in einem Skiressort in Utah das agile Manifest ausgearbeitet (Beck u. a.). Darin sind die Prinzipien der agilen Softwareentwicklung festgehalten:

1. Individuen und Interaktionen gelten mehr als Prozesse und Tools.
2. Funktionierende Programme gelten mehr als ausführliche Dokumentation.
3. Die stetige Zusammenarbeit mit dem Kunden steht über Verträgen.
4. Der Mut und die Offenheit für Änderungen steht über dem Befolgen eines festgelegten Plans.

2.4.2 Das DRY-Prinzip

Das Akronym DRY steht für Don't repeat yourself[2]. Das DRY-Prinzip ist eine Philosophie in der Informationstechnik, die verlangt, dass jede Information nur einmal in einem Projekt vorkommt. Das schliesst im Idealfall Quelltexte, Datenbankschemata, Tests und Dokumentationen ein. Durch die Vorhaltung von Informationen an nur einer Stelle, wird die Gefahr vermieden, dass redundante Informationen bei Änderungen vergessen werden. Das vermeidet Fehler so wie Inkonsistenzen und erhöht die Übersicht. Das DRY-Prinzip kann durch Automatisierung und Kapselung erreicht werden. Es ist eines der Kernprinzipien auf denen das bekannte Buch „Der pragmatische Programmierer“(Hunt und Thomas 2003) basiert. Es hält Anwendungen für Änderungen offen und ist damit Vorraussetzung für agile Softwareentwicklung.

2.4.3 Das KISS-Prinzip

Das Akronym KISS steht für Keep it simple, stupid[3]. Es besagt, dass stets die einfachste Lösung für ein Problem gewählt werden sollte. Bereits 1654 wurde vom deutschen Philosophen Johannes Clauberg die bekannte Formulierung aufgestellt, dass „Entitäten nicht über das Notwendige hinaus vermehrt werden dürfen“.[4] (Clauberg 1968) Johannes Clauberg bezog sich in seinem Buch auf wissenschaftliche Theorien. Vereinfacht ausgedrückt bedeutet die Aussage: Eine Theorie sollte möglichst einfach gestaltet sein und trotzdem alle wesentlichen Zusammenhänge erklären. Das KISS-Prinzip verallgemeinert Claubergs Aussage und kann auf Softwaretechnik angewandt, als eine der Vorraussetzungen für agile Softwarentwicklung angesehen werden.

---

[2]dt. Wiederhole dich nicht.

[3]dt. Halt es einfach, Dummkopf!

[4]Original lat. Entia non sunt multiplicanda praeter necessitatem oder sine necessitate.

2.4.4 Refactoring

Der Begriff Refactoring[5] wurde von William Opdyke geprägt der, 1992, zu diesem Thema promovierte (Opdyke 1992). Refactoring bedeutet: „Verbesserung des Designs von Quellcode nachdem er geschrieben wurde, ohne die Funktion zu verändern“. Dabei soll insbesondere die Lesbarkeit, Verständlichkeit, Testbarkeit und Erweiterbarkeit verbessert werden. Martin Fowler hat in (Fowler und Beck 1999) Refactoring in aller Ausführlichkeit beschrieben. Fowler listet “Bad Code Smells” auf, die Hinweise geben an welchen Stellen des Quellcodes möglicherweise ein Refactoring notwendig sein könnte und behandelt Methoden, wie verschiedenen Arten von Refactorings durchgeführt werden können. Refactoring ist heute ein allgemein anerkanntes Werkzeug der Softwareentwicklung. Zahlreiche freie und kommerzielle, meist in IDEs integrierte, Refactoring Browser belegen dies. Für agile Softwareentwicklung ist ständiges Refactoring des Quellcodes eine Grundvorraussetzung.

2.4.5 Extreme Programming

Extreme Programming (XP) ist ein iteratives Vorgehensmodell der Softwaretechnik, welches eine sehr flexible Arbeitsweise erlaubt. Es wurde von Kent Beck, Ward Cunningham und Ron Jeffries entwickelt. XP basiert auf fünf zentralen Werten: Respekt, Kommunikation, Einfachheit, Feedback und Mut. Auf diesen Werten basierende Praktiken bilden das Vorgehensmodell Extreme Programming. Kent Beck hat diese in (Beck 2000) zusammengefasst:

- Das Planungsspiel - Der Umfang einer Version wird festgelegt, indem Geschäftsprioritäten mit technischen Aufwandsschätzungen kombiniert werden. Der Plan muss ständig an die Realität angepasst werden.
- Kurze Releasezyklen - Ein einfaches System soll so schnell wie möglich in Produktion gehen. Darauf folgend sollen in möglichst kurzen Iterationsschritten neue Versionen eingeführt werden.
- Metapher - Sämtliche Entwicklungen werden an einer gemeinsamen, einfachen Metapher ausgerichtet. Diese Metapher soll für Geschäftsseite und Entwicklerseite gleichermassen verständlich sein. Dadurch soll die einfache Kommunikation zwischen Kunden und Entwicklern sichergestellt werden.

[5] dt. Refaktorisierung oder Refaktorierung

- Einfaches Design - Das System soll zu jedem Zeitpunkt so einfach wie möglich strukturiert sein. (vgl. Das KISS-Prinzip Kapitel 2.4.3 auf Seite 7)
- Testen - Es werden für jeden Teil des System fortwähren Komponententests geschrieben, die fehlerfrei ausgeführt werden müssen. (vgl. Test Driven Development Kapitel 2.4.6)
- Refactoring - Das System unterliegt einem ständigen Refactoring, um Redundanzen zu verhindern, den Programmcode zu vereinfachen oder flexibler zu gestalten. (vgl. Refactoring Kapitel 2.4.4 auf der vorherigen Seite)
- Programmieren in Paaren - Der gesamte Produktionscode wird von zwei Programmieren geschrieben, die gemeinsam an einem Rechner sitzen.
- Gemeinsame Verantwortlichkeit - Jeder kann jederzeit beliebigen Code im System ändern.
- Fortlaufende Integration - Das System wird ständig integriert. Immer dann, wenn eine Aufgabe erledigt worden ist.
- 40 - Stunden Woche - Man arbeitet prinzipiell nicht mehr als 40 Stunden in der Woche. Überstunden werden nie länger als eine Woche geleistet.
- Kunde vor Ort - Dem Team soll ein echter, lebender Benutzer angehören, der während der gesamten Arbeitszeit zur Beantwortung von Fragen zur Verfügung steht.
- Programmierstandards - Programmierer schreiben sämtlichen Code entsprechend Regeln, die die Kommunikation mithilfe des Codes erleichtern.

Diese Best Practices waren schon vorher bekannt und werden teilweise bereits lange genutzt. XP fasst diese Praktiken zu einem funktionierenden Gesamtkonzept zusammen, definiert diese jedoch nicht als Allheilmittel. Wo sie nicht den individuellen Anforderungen eines Projektes genügen sollen sie angepasst werden.

2.4.6 Test Driven Development

Test Driven Development[6] (TDD) bezeichnet eine Methode zur Entwicklung von Software bei der Tests vor der eigentlichen Softwarekomponente entwickelt werden. Test Driven Development folgt dabei einem iterativen Prozess aus drei Schritten:

[6] dt. testgetriebene Entwicklung

1. Rot - Schreibe einen Test für die nächste Funktion, der fehlschlagen muss.
2. Grün - Sorge mit möglichst wenig Quellcode dafür, dass wieder alle Tests laufen (grüner Balken für alle Tests).
3. Refaktorisiere - Eliminiere alle Duplikationen und führe notwendige Abstraktionen ein.

Das Verlagern der Tests vor das Entwickeln von Softwarekomponenten bietet einige Vorteile. So wird die Spezifikation nach und nach in die Testsuite überführt. Daraus ergibt sich eine ausführbare Spezifikation, die in maschinell prüfbarer Form vorliegt. Es besteht weiterhin nicht die Gefahr das Tests, die beim klassischen Wasserfallmodel am Ende des Entwicklungsprozesses stehen, aus Zeitmangel nicht durchgeführt werden. Zusätzlich erleichtert eine Testsuite Refaktorisierungen massgeblich.

Kent Beck hat in Test-Driven Development by Example (Beck 2003) das Vorgehen anhand von Beispielen beschrieben und nennt ausführliche Test Patterns.

2.4.7 Behaviour Driven Development

Behaviour-Driven Development[7] (BDD) ist eine Evolution des Denkens hinter Test Driven Development. Dabei wird die Sapir-Whorf Hypothese auf das Schreiben von Tests angewandt. Diese besagt: „zwischen den grammatikalischen Kategorien der Sprache, die eine Person spricht und wie diese Person die Welt versteht und sich in ihr bewegt, besteht eine systematische Beziehung“(Whorf 1956). Die Sapir-Worf Hypothese ist in der Linguistik umstritten. Unstrittig ist jedoch das Sprache unser Denken beeinflusst. Diese Aussage kann bis auf Wilhelm von Humboldts Essay „Über das vergleichende Sprachstudium“(Humboldt und Leitzmann 1903) zurückgeführt werden. Bei BDD wird im Vergleich zu TDD nicht ein Testfall definiert, sondern ein Erwartung. Das Ziel ist nicht eine Ansammlung von Tests sondern eine ausführbare Spezifikation der zu entwickelnden Software. Nach (Astels) „arbeitet man bereits mit BDD wenn man TDD richtig anwendet“. Es existieren spezielle BDD Frameworks die Softwareunterstützung für BDD bieten. BDD kann aber auch mit den bekannten xUnit Frameworks umgesetzt werden.

[7] dt. erwartungsgetriebene Entwicklung

Kapitel 3

Usability Driven Development

3.1 Was ist Usability Driven Development?

Usability Driven Development (UDD) ist ein Vorgehensmodell der Softwaretechnik das Usability in einen agilen Prozess einbindet. Es soll Entwicklern ein Werkzeug an die Hand geben um Anwendungen in einem iterativen Entwicklungsprozess, auf die Anforderungen von Kunden maßzuschneidern. Dabei soll das System so schnell wie möglich in Produktion gehen und in kurzen Releasezyklen weiterentwickelt werden. Das Vorbild hierfür ist Extreme Programming (vgl. Extreme Programming Kapitel 2.4.5 auf Seite 8) das um Elemente des User Centered Design (vgl. User Centered Design Kapitel 2.3.1 auf Seite 4) erweitert wurde. Die Grundprinzipien des Vorgehensmodel sind das DRY und das KISS-Prinzip, die in jeder Phase konsequent verfolgt werden. UDD wendet diese Prinzipien auf alle Aspekte eines Softwareprojektes an, von grafischen Oberflächen, über Quellcodes und Dokumentation bis zu Verträgen mit Kunden.

3.2 Usability als Entwicklungsziel

UDD integriert Usability in agile Methoden. Der Gedanke dahinter ist, dass die Usability vor allem durch die Funktionalität eines Systems erreicht wird. Nur wenn ein System genau die Funktionen, die man von ihm erwartet, in einfach zu bedienender Weise erfüllt, entspricht es den Kriterien der Usability (vgl. Usability Kapitel 2.1 auf Seite 2). Das kann nur in einem iterativen Prozess durch ständiger Kommunikation mit den Nutzern erreicht werden.

3.3 Vorraussetzungen für UDD

3.3.1 Organisatorische Vorraussetzungen

Auf die organisatorischen Vorraussetzungen für UDD soll in dieser Studienarbeit nicht im Detail eingegangen werden. Sie sind im wesentlichen die gleichen wie bei Extreme Programming und werden ausführlich in (Beck 2000, Kapitel 26 Xp in der Praxis) und (Beck und Fowler 2001, Kapitel 25 Geschäftsbeziehungen) beschrieben. Besonders hervorzuheben ist dabei, dass Kunden gerne Verträge mit genau fest geschriebenem Umfang haben möchten. Andererseits wollen Kunden aber auch Ihre Meinung ändern können. Es ist vermutlich noch nie ein Softwareprojekt abgeschlossen worden, in dem sich die Anforderungen nicht im Verlauf der Entwicklung geändert haben. UDD löst diesen Widerspruch, indem der Kunde bei Projektstart einen groben Plan für die weitere Entwicklung bekommt, seine Meinung aber bei jedem Planungsspiel (siehe: Das Planungsspiel Kapitel 3.4.1 auf der nächsten Seite) ändern kann.

3.3.2 Technische Vorraussetzungen

Die technische Grundvorraussetzung für UDD ist, dass es sich bei der zu entwickelnden Software um eine Anwendungssoftware, mit einer grafischen Oberfläche, handelt. Für eine Hardwaresteuerung, ein Framework oder eine Software für den Batchbetrieb ist das Vorgehensmodell ungeeignet. UDD setzt ein hohes fachliches Verständnis der Entwickler voraus, welches durch intensive Kommunikation mit dem Anwender geschaffen werden muss. Damit Entwickler sich auf Probleme der Geschäftslogik konzentrieren können, sollte die Entwicklung mit möglichst problemnahen Werkzeugen geschehen. Das kann durch selbstentwickelte Fachsprachen geschehen oder durch Frameworks, die entsprechende Funktionalitäten bereitstellen. Damit eine UDD funktionieren kann, muss ein möglichst hoher Grad an Automatisierung in einem Projekt erreicht werden. Entwicklerdokumentation sollte aus dem Quelltext generiert werden. Quellcode und Dokumentation sollte mit Hilfe von Versionsverwaltung verwaltet werden. Das Deployment sollte möglichst mit einem Kommando durchgeführt werden. Dabei müssen sämtlich automatisierten Vorgänge zuverlässig wiederholbar und umkehrbar sein. In (Clark 2005) werden viele Aspekte der Automatisierung beschrieben.

3.4 Eine UDD Iteration

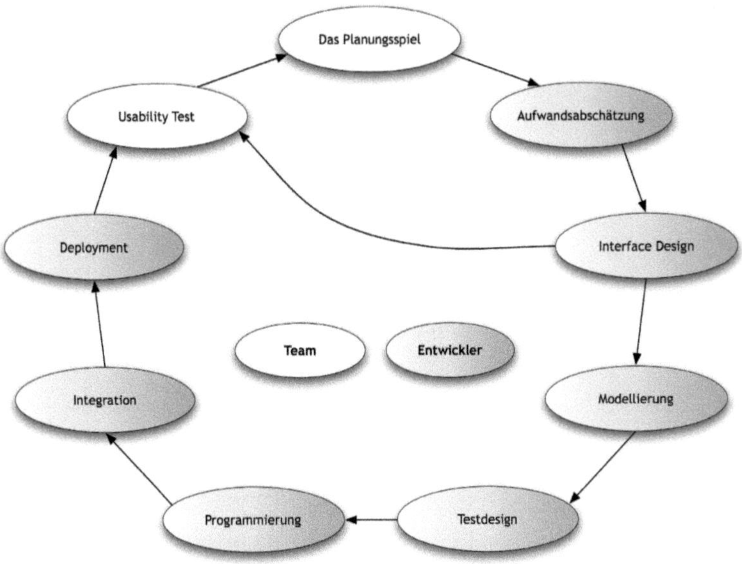

Bild 3.1: Eine UDD Iteration

3.4.1 Das Planungsspiel

Storycards

Die Entwicklung einer Software nach UDD beginnt mit einem Planungsspiel. Der Kunde oder ein Teammitglied der Geschäftsseite notiert alle Aufgaben die das System erfüllen soll in Form von Storycards. Diese Storycards werden nach Priorität sortiert und entsprechend dieser Reihenfolge entwickelt. Das Planungsspiel wird in regelmässigen Abständen wiederholt. Dadurch hat die Geschäftsseite bei jedem Planungsspiel die Möglichkeit die Priorisierung zu ändern und völlig neue Storycards hinzuzufügen. Weitere Storycards kommen durch im Verlauf der Entwicklung durchgeführte Usability Tests hinzu. Diese müssen ebenfalls von der Geschäftsseite priorisiert werden.

Aufwandsabschätzung

Jeder Entwickler übernimmt Storycards, die Arbeit bis zum nächsten Planungsspiel enthalten. Dabei wird die Zeiteinschätzung durch die Entwickler selbst vorgenommen. Das Einfachste dieses zu tun ist die "Wetter von gestern Methode", die besagt, dass das Wetter heute mit hoher Wahrscheinlichkeit das Gleiche wie gestern ist. Das bedeutet das sich Entwickler mit ihren Schätzungen an vorhergehenden Aufgaben orientieren sollen. Nach jeder Iteration werden die Istzeiten mit den geschätzten Sollzeiten verglichen. So entsteht im Verlauf des Projekts eine bessere Basis für weitere Schätzungen. (vgl. Messen Kapitel 3.5.1 auf Seite 17)

3.4.2 Interface Design

Programmierung ist im Vergleich zum Oberflächendesign sehr aufwendig und nur schwer zu verändern. Deshalb sollte man sich zuerst dem Interface einer Anwendung zuwenden. Die Oberfläche einer Software zu gestalten ist verhältnismäßig leicht. Eine Skizze auf einem Blatt Papier ist schnell angefertigt und einfach zu ändern. Ein anderer wichtiger Grund das Interface zuerst zu gestalten ist, dass die Oberfläche das Produkt ist. Die Oberfläche ist das, was die Anwender sehen und schlussendlich bezahlen sollen. Mit einer Anwendungssoftware, die zwar über großartige Funktionen verfügt aber eine unattraktive Oberfläche besitzt, wird man nur schwer Kunden gewinnen können. Bei der Gestaltung von Oberflächen sollte man sich immer das Zitat von Antoine de Saint-Exupéry vor Augen führen: „Perfektion ist erreicht, nicht, wenn sich nichts mehr hinzufügen lässt, sondern, wenn man nichts mehr wegnehmen kann"[1] (Saint-Exupéry und Becker 1941, S.48f). Angewandt auf die Oberflächengestaltung bedeutet Saint-Expuérys Zitat nichts anders als die Anwendung des DRY und des KISS-Prinzips.

Bei umfangreichen Oberflächenänderungen oder Erweiterungen sollte von der Möglichkeit gebrauch gemacht werden in die Phase Usability Test zu springen. So kann das entworfene Design geprüft und eventuell verbessert werden, bevor zu viel Arbeit investiert wurde.

3.4.3 Modellierung

Nachdem die Oberfläche einer Funktion gestaltet ist, kann man sich den schwierigeren Dingen zuwenden. Die Phase Modellierung soll einen Überblick verschaffen, wie die neue Funktionalität in das Gesamtsystem integriert werden kann. Welche Datenbankfelder wer-

[1] Original. franz.: Il semble que la perfection soit atteinte non quand il n'y a plus rien à ajouter, mais quand il n'y a plus rien à retrancher.

den benötigt, wo im Schichtenmodell soll die Funktion implementiert werden, welche Bibliotheksfunktionen können benutzt werden, welche Algorithmen sind am geeignetsten für das Problem? Diese Fragen sollten sich Entwickler stellen und beantworten. Im Zweifelsfall sollte die Meinung von Kollegen eingeholt werden oder falls möglich ein Test entwickelt werden. Besonders bei Performancefragen kann ein Lasttest sehr aufschlussreich sein. Es geht in dieser Phase nicht darum, die zu entwickelnde Funktionalität bis ins letzte Detail mit UML Diagrammen zu beschreiben. Diagramme sollten nur dort eingesetzt werden wo es Sinnvoll ist und dadurch Vorteile entstehen.

3.4.4 Testdesign

Nachdem in der Phase der Modellierung die Einordnung der Funktionalität ins Gesamtsystem erfolgt ist, folgt die Entwicklung der Tests. Dabei werden alle auf der zu bearbeiteten Storycard beschriebenen Funktionalitäten in Form in Tests umgesetzt. So entsteht aus der Storycard, vom Kunden oder Geschäftsseite verfasst, eine ausführbare Spezifikation der Funktionalität (vgl. Test Driven Development Kapitel 2.4.6 auf Seite 9). Ausnahmen bilden Storycards die sich ausschließlich mit Verbesserungen der Oberfläche beschäftigen und keine Funktionalität des Systems verändern. Diese können aus einem Usability Test hervorgegangen sein und sind eventuell nur schwer oder gar nicht maschinell testbar. Dann wird die Phase Testdesign übersprungen.

3.4.5 Programmierung

In der Phase der Programmierung werden die Ergebnisse aus den vorherigen Phasen umgesetzt. Das zuvor gestaltete Userinterface wird implementiert, benötigte Klassen und Methoden geschrieben und Datenbankstrukturen entwickelt. Es sollte hierbei immer die einfachste funktionierende Lösung implementiert werden (vgl. Das KISS-Prinzip Kapitel 2.4.3 auf Seite 7). Die Programmierung ist abgeschlossen wenn alle Test fehlerfrei ausgeführt werden können. Nachdem alle Tests erfolgreich ausgeführt werden können, sollte der neu entwickelte Quellcode einem Refactoring (vgl. Refactoring Kapitel 2.4.4 auf Seite 8) unterzogen werden. Bevor zur nächsten Phase übergegangen werden kann sollte überprüft werden, dass sowohl die in der vorherigen Phase entwickelten Tests, als auch die in dieser Phase entwickelten Klassen und Methoden ausreichend dokumentiert (vgl. Dokumentation Kapitel 3.5.2 auf Seite 17) sind.

3.4.6 Integration

Integration bedeutet das Zusammenführen des geänderten Quellcodes mit der Codebasis. Bevor dieser Schritt durchgeführt werden kann müssen alle Tests erfolgreich durchlaufen werden. Als Werkzeug für die Integration sollte unbedingt eine Versionsverwaltung eingesetzt werden. Es ist ratsam zusätzlich zum Quellcode auch die in der Phase Modellierung eventuell erstellten Diagramme in die Versionsverwaltung eingecheckt werden. Auch auf Werkzeuge die, automatisch bei jeder Softwareversion die in die Versionsverwaltung eingespielt wird alle Tests durchlaufen und einen Build anstoßen, sollte nicht verzichtet werden. Dadurch können Fehler wie, das vergessene Einchecken einer Datei in die Versionsverwaltung, leicht entdeckt werden.

3.4.7 Deployment

Der Begriff Deployment beschreibt die automatische Verteilung und Auslieferung der entwickelten Software. Im Optimalfall sollte die neu erstellte Funktion im Produktivsystem eingespielt werden. Dazu eignen sich beispielsweise Webanwendungen oder serverbasierte Systeme. Das bringt den Vorteil, dass den Nutzern der Software Weiterentwicklungen sofort zur Verfügung stehen. Dies birgt jedoch trotz umfangreichen Test ein gewisses Risiko, dass Fehler in eine Produktivversion gelangen. Damit man dieses eingehen kann, muss die Möglichkeit bestehen, ein Deployment jederzeit einfach wieder rückgängig zu machen. Bei Systemen die nicht serverbasiert arbeiten, oder Anwendungen bei denen ein sofortiges Einspielen der neu entwickelten Funktionen nicht erwünscht ist, sollte man das Deployment zumindest auf einem Testsystem vornehmen, um immer ein funktionierendes System mit der neuesten Softwareversion für Tests und Demonstrationen zur Verfügung zu haben.

3.4.8 Usability Test

Die abschliessende Phase einer UDD-Iteration stellt der Usability Test dar. Dabei testet der Entwickler die neu implementierte Funktion. Dabei ist es Hilfreich die Beschreibung der Funktionalität auf der Storycard als Aufgabe zu betrachten, die erfüllt werden muss. Sollten hierbei trotz der ausgiebigen Test Fehler gefunden werden, ist umgehend das vorhergegangene Deployment rückgängig zu machen, und die Iteration mit dem Ziel der Fehlerbehebung neu zu durchlaufen. Im Normalfall sollte die Funktionalität gewährleistet sein. Es wird jedoch oft der Fall eintreten, dass Ideen für die Verbesserung der gerade entwickelten Funktionalität oder einer anderen Funktion des Systems entstehen. Diese werden in Form von Storycards notiert und müssen von der Geschäftsseite beim nächsten Planungsspiel priorisiert werden.

3.5 Bei jeder Iteration

3.5.1 Messen

Eine der wichtigsten Dinge bei UDD ist, dass im Verlauf des Textes nur kurz angesprochen wurde, ist das Messen. Jeder Entwickler muss die Zeit messen die für eine Iteration benötigt wird und mit der geschätzten Zeit vergleichen. Am Anfang eines Projektes werden diese Schätzungen noch relativ viele Fehler enthalten. Im Verlauf des Projektes werden die Schätzungen jedoch mit jedem Planungsspiel besser werden. Die Geschäftsseite bekommt so genaue Prognosen welche Funktionen bis zum jeweils nächsten Planungsspiel umgesetzt werden können.

3.5.2 Dokumentation

Eine der am Häufigsten genannten Kritikpunkte aller agiler Methoden ist, dass nicht ausreichend auf Dokumentation geachtet wird. Es gibt in UDD keine Phase Dokumentation. Die Dokumentation wird während allen Phasen des Projekt erstellt. Die erstellten Quelltexte sollen nach den Prinzipien des selbstdokumentierenden Quellcodes erstellt werden. Eine genaue Erklärung über selbstdokumentierenden Quellcode findet sich in Kapitel 19 von (McConnell 1993). Kommentare im Quellcode und in den Tests ergänzen den Code zu einer vollständigen Dokumentation. Kommentare müssen wie Quellcode dem DRY und dem KISS-Prinzip entsprechen. Das bedeutet, es soll nicht dokumentiert werden was der Code macht, denn das wäre eine Verletzung des DRY-Prinzips, sondern warum etwas gemacht wird. Dieses Prinzip des Literate Programming wurde bereits 1992 von Donald E. Knuth beschrieben (Knuth 1992). Werkzeuge, die aus kommentiertem Quelltext eine Html-Dokumentation erzeugen, sind heutzutage weitverbreitet und können als moderne Version des literate Programming bezeichnet werden. Es ist sinnvoll alle erstellte Diagramme direkt in der erstellten Html-Dokumentation zu verlinken und ebenfalls unter Versionsverwaltung zu stellen.

Dieser Abschnitt behandelt nur Entwicklerdokumentation. Anwenderdokumentation kann nicht aus dem Quelltext generiert werden und muss nach wie vor manuell erstellt werden. Wie das am besten durchzuführen ist hängt stark von der Art des Projektes und der benötigten Form der Dokumentation ab (Gedrucktes Handbuch, Online-Hilfe, usw.). Wie

Anwenderdokumentation erstellt werden soll kann deshalb nicht generalisiert werden und muss für jedes Projekt individuell entschieden werden.

3.6 Bei jedem Planungsspiel

3.6.1 Usability Tests

Vor jedem Planungsspiel ist es ratsam einen zusätzlicher Usability Test (vgl. Usability Test Kapitel 2.2 auf Seite 3) durchzuführen. Es sollten Aufgaben gestellt werden die Funktionen der letzten Iteration betreffen. Dieser Usability Test muss von Personen der Geschäftsseite durchgeführt werden. Eventuell erkannte Verbesserungsvorschläge werden auf einer Storycard formuliert. Sie können zu den zu erledigenden Aufgaben im Planungsspiel hinzugefügt werden und müssen dann priorisiert werden. Besonders bei Produkten für den Massenmarkt die nicht spezifisch für einen Kunden entwickelt werden, sollten für Usability Tests auch nicht am Projekt beteiligt Personen hinzugezogen werden. Externe Tester können eventuell Dinge entdecken, die Projektmitglieder aufgrund von Betriebsblindheit nur schwer erkennen können.

3.6.2 Der große Plan

Die Geschäftsseite sollte bei jedem Planungsspiel den Entwicklungsplan überdenken, was implizit durch Priorisierung der Storycards passiert. Hier muss überlegt werden ob die Storycards noch den Geschäftsanforderungen entsprechen, die sich besonders in einem dynamischen Marktumfeld schnell ändern können. Der Hauptvorteil der agilen Methoden ist die Flexibilität sich schnell an veränderte Anforderungen anpassen zu können. Dieser Vorteil sollte nie verspielt werden.

Kapitel 4

UDD in der Praxis

In diesem Kapitel soll aufgezeigt werden, wie UDD in der Praxis angewendet werden kann. Als Beispiel wird dazu die in der Entwicklung befindliche Webanwendung Journizer betrachtet.

4.1 Journizer – Organize your journey!

Dieser Slogan erklärt zum einen den Fantasienamen Journizer, der sich aus dem englischen Worten für Reisen und Organisieren zusammensetzt und gleichzeitig die Idee: Journizer ist ein virtueller Treffpunkt von Menschen, die diesen Planeten bereisen und ein Organisationstool, um die dabei gewonnenen Eindrücke und Erfahrungen zugänglich zu machen und anderen als Informationsressourcen bereitzustellen. Journizer.com ist somit ein Portal, das als brandaktueller Reiseführer mit den Daten aller Benutzer gespeist wird und ein Tauschforum für Informationen aller Art. Die in Journizer erfassten Informationen sind in Form von Bildern, interaktiven Landkarten und Tagebucheinträgen auch von den Daheimgebliebenen als Reisetagebuch einsehbar. Ergänzt werden die beiden Hauptfunktionen Organisation und Kommunikation von verschiedenen Diensten, wie einem Dokumentensafe, in dem Duplikate von Reisedokumenten hinterlegt werden können, einem Währungsrechner zur Budgetplanung, einem Adressbuch oder einer Weltzeituhr. Die Bündelung aller reiserelevanten Funktionen in einem Tool, welches durch seine lifestyleorientierte Aufmachung und die direkte Form der Information den Status einer Community erreicht, ist das Ziel von Journizer.

4.2 Usability Test auf dem World Usability Day

Im Rahmen des World Usability Day (WUD) 2007 wurde ein Usability Test an einer Betaversion von Journizer durchgeführt. Dabei sollten vor allem bestehende Mängel und vermisste Funktionen entdeckt werden. Beim WUD wurden den Testpersonen Aufgaben gestellt und eine Meinungsumfrage durchgeführt. Die Aufgaben des Usability Tests befindet sich in Anhang A.1 auf Seite 37. Für die Entwickler war es besonders interessant den Anwendern bei der Lösung dieser Aufgaben zuzuschauen. Dabei wurde an zahlreichen Stellen Potential für Verbesserungen durch kleine Änderungen entdeckt. Der am Häufigsten genannte Wunsch war eine bessere Kategorisierung der Inhalte. Insgesamt war die Bewertung durch die Testpersonen überwiegend positiv. Es wurden 22 Bewertungsbögen abgegeben. Die Umfrageergebnisse sind in Anhang A.2 auf Seite 38 aufgelistet.

Bild 4.1: Impressionen World Usability Day

Nach einer ausführlichen Auswertung der Ergebnisse des Usability Tests wurden Probleme und Ideen für die Weiterentwicklung als Storycards notiert. Im weiteren Verlauf der Studienarbeit wird die Bearbeitung von zwei dieser Storycards anschaulich beschrieben.

4.3 Kleinigkeiten mit großer Wirkung

Eines der gravierendsten Probleme, welche bei dem durchgeführten Usability Test zutage getreten sind, war dass Fehlermeldungen, die durch Validierung der Datenbankfelder bei Kundeneingaben aufgetreten sind, nicht farblich abgehoben waren. Fehlermeldungen hatten die gleiche Farbgebung wie das übrige Layout und waren dadurch leicht zu übersehen. Bild 4.3 zeigt das sehr anschaulich. Dieses Beispiel zeigt sehr gut wie eine gewisse "Betriebsblindheit" im Entwicklungsteam auftreten kann. Solche Fehlerquellen können durch einen Usability Test mit externen Testpersonen erkannt werden.

4.3.1 Aufwandsabschätzung

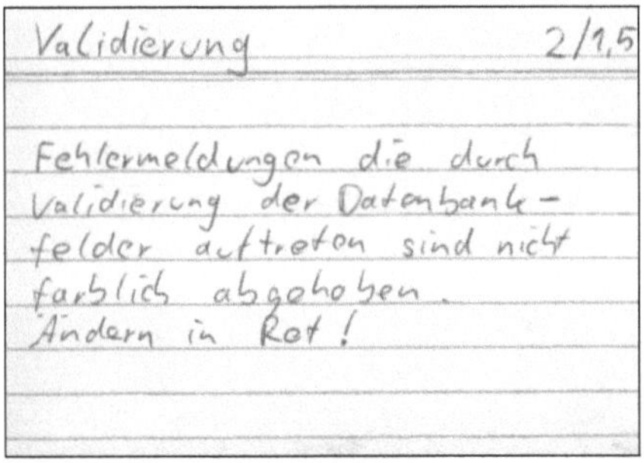

Bild 4.2: Storycard - Validierung

Da es sich hierbei nur um eine kleinere Änderung an der Oberfläche handelte wurden die Phasen "Interface Design" und "Modellierung" übersprungen. Aufgrund der Tatsache, dass ein automatischer Test für die Farbgebung nur sehr aufwendig zu entwickeln wäre, wurde die Phase "Testdesign" ebenso übersprungen. Hier zeigt sich die Flexibilität von Usability Driven Development. Das Vorgehensmodell kann und soll jederzeit an die Bedürfnisse der Entwickler angepasst werden. Phasen können übersprungen oder angepasst werden, wenn sich das für die zu bearbeitende Iteration als hilfreich erweist. Der geschätzte Aufwand wird rechts oben auf der Storycard notiert, gefolgt vom tatsächlich benötigten Aufwand der nach Abschluss der Storycard notiert wird.

4.3.2 Programmierung

Zur Lösung war keine Programmierung im eigentlichen Sinne notwendig. Wenige Zeilen Cascading Style Sheets (CSS) genügten, um das Problem zu beheben. Der vollständige

CSS Code befindet sich im Anhang B.1 auf Seite 42.

4.3.3 Integration und Deployment

Um den Rahmen nicht zu sprengen soll auf Integration und Deployment nicht im Detail eingegangen werden, obwohl über dieses Thema viele Seiten geschrieben werden könnten.

4.3.4 Usability Test

Der Vorher-Nachher-Vergleich von Bildschirmfotos der Anwendung zeigt die Wirksamkeit der Änderung sehr anschaulich.

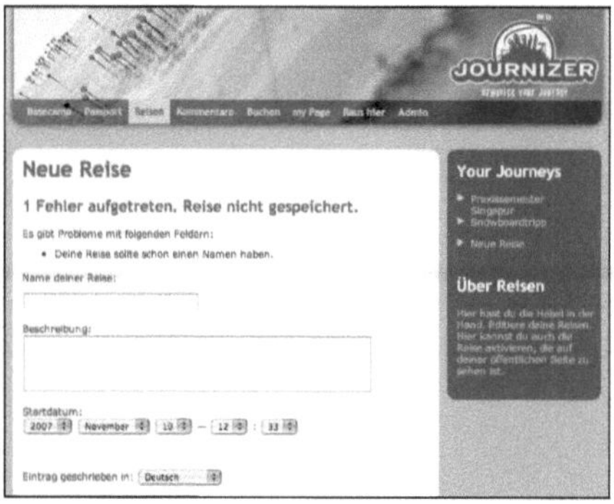

Bild 4.3: Kleinigkeiten mit großer Wirkung - vorher

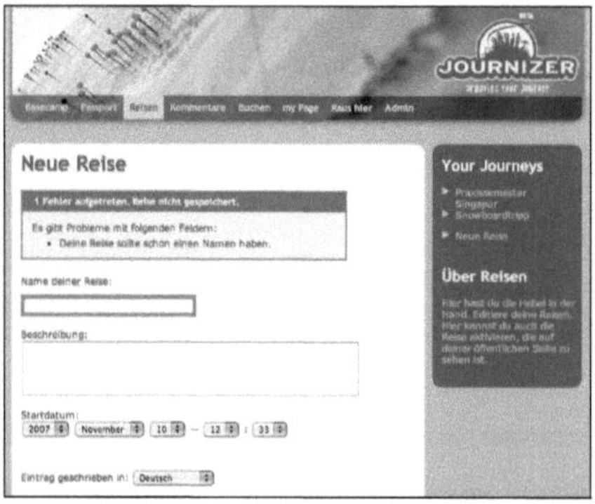

Bild 4.4: Kleinigkeiten mit großer Wirkung - nachher

4.4 Schlagworte

Im Verlauf der Auswertung des Usability Tests wurde entschieden, den Wunsch nach besserer Kategorisierung der Inhalte zunächst mit einer Möglichkeit der Verschlagwortung[1] von Logbucheinträgen und Bildern zu begegnen. Zur Visualisierung der Tags sollte eine Tag Cloud[2] erzeugt werden. Bei einer Begriffswolke werden häufiger auftretende Begriffe größer dargestellt. Bereits 1992 wurde eine solche auf dem Einband des philosophischen Werkes "Tausend Plateaus. Kapitalismus und Schizophrenie" abgedruckt (Deleuze und Guattari 1992). Heutzutage wird diese Technik auf vielen Internetseiten verwendet.

4.4.1 Aufwandsabschätzung

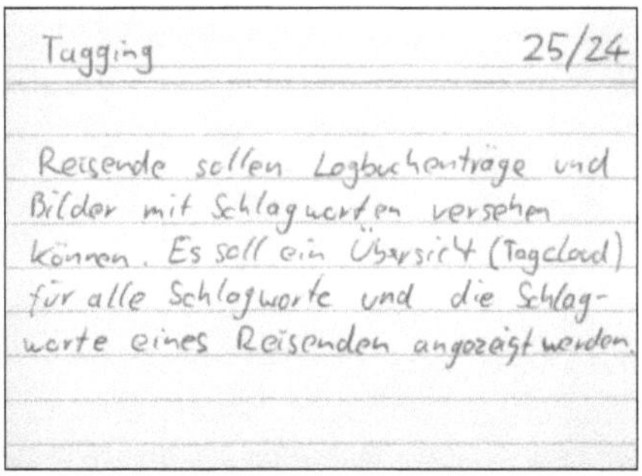

Bild 4.5: Storycard - Schlagworte

Der Aufwand zur Implementierung einer Schlagwortfunktion wurde nach einer ausführlichen Recherche zum Thema Verschlagwortung auf drei Arbeitstage (je 8 Stunden) geschätzt. Hinzu kommt eine weitere Stunde für die Recherche. Die geschätzten 25 Stunden wurden rechts oben auf der Storycard notiert. Nach Abschluss der Iteration wurde dahinter der tatsächlich benötigte Aufwand von 24 Stunden eingetragen.

[1] engl. tagging
[2] dt. Begriffswolke

4.4.2 Interface Design

Für die Phase Interface Design wurde eine einfacher Papierprototyp auf Basis des Oberflächendesigns von Journizer gezeichnet.

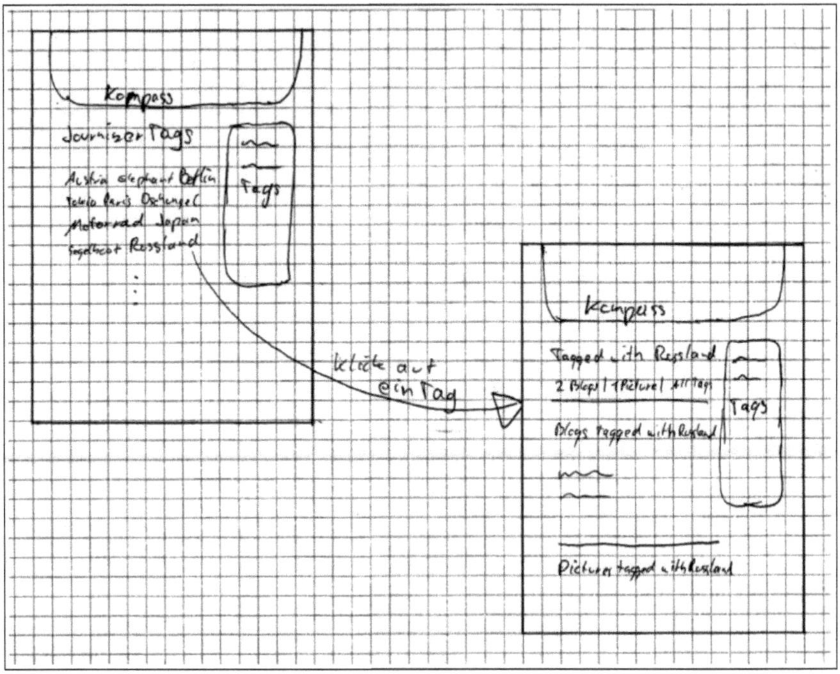

Bild 4.6: Papierprototyp - Schlagworte

4.4.3 Modellierung

Algorithmus zur Berechnung der Schriftgröße

Die interessanteste Frage bei der Modellierung der Schlagwortfunktion ist die Frage nach dem Algorithmus zur Berechnung der Schriftgröße der einzelnen Schlagworte. Bei einer größeren Schlagwortanzahl ist eine direkte Abbildung der Anzahl der Schlagworte auf die Schriftgröße ungeeignet. Um überdimensionale und ungleich verteilte Schriftgrößen zu vermeiden muss eine lineare Normierung auf einer Größenskala vorgenommen werden werden. Die Statistik bietet hierfür das richtige Werkzeug. Mit folgender Formel kann die Schriftgröße für ein Schlagwort berechnet werden:

$$s_i = \begin{cases} \left(\frac{s_{max} \cdot (t_i - t_{min})}{t_{max} - t_{min}} \right) & \text{für } t_i > t_{min} \\ 1 & \text{für } t_i \leq t_{min} \end{cases}$$

$$\begin{aligned} s_i &= \text{Anzuzeigende Schriftgröße} \\ s_{max} &= \text{maximale Schriftgröße} \\ t_i &= \text{Schlagwortanzahl für den gewählten Begriff} \\ t_{min} &= \text{minimale Schlagwortanzahl} \\ t_{max} &= \text{maximale Schlagwortanzahl} \end{aligned}$$

Datenbankmodellierung

Zunächst wurden die notwendigen Datenbankstrukturen für die Schlagworte festgelegt. Die im Diagramm farbig dargestellten Einträge wurden für die Verschlagwortung neu hinzugefügt. Zur besseren Übersicht werden nur die für das Problem relevanten Datenfelder dargestellt.

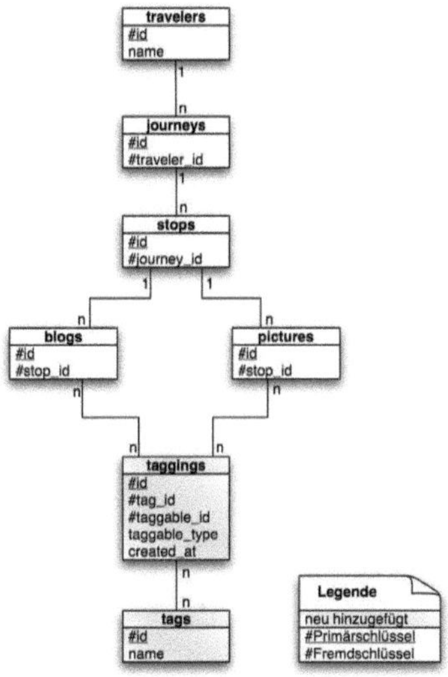

Bild 4.7: Datenbankmodell

Methoden

Im nächsten Schritt wurde notiert welche Methoden zur Erfüllung der Storycard notwendig sein würden. Da sowohl die Bilder, als auch Logbücher Schlagworte enthalten, müssen beide Klassen um eine Methode zum Schreiben und Lesen der Schlagworte erweitert werden. Weiterhin sollte die Möglichkeit bestehen, mit einem bestimmten Begriff verschlagwortete Inhalte aufzufinden. Um das DRY-Prinzip nicht zu verletzen und leichte Erweiterbarkeit zu gewährleisten sollen die Methoden tag_list() und find_tagged_with(tag) in eine eigene Klasse ausgelagert werden.

Zur leichten Darstellung der tag clouds sorgt die Hilfsfunktion tag_cloud(), die in jeder View der Model View Controller (MVC) Architektur zur Verfügung steht.

Da in der Storycard eine Anzeige aller Schlagworte und der Schlagworte für einen Reisenden gefordert sind, müssen zwei SQL-Abfragen eingeplant werden. Die Abfrage aller Schlagworte ist trivial und stellt kein weiteres Problem dar. Da ein Reisender nur über zahlreiche Tabellen mit einem Schlagwort verknüpft ist, wird hier ein komplexer Join notwendig (Siehe Datenbankmodell 4.7 auf der vorherigen Seite). Es bleibt die Frage, ob ein Join über sechs Tabellen ausreichend schnell ist oder ob die Normalisierung aus Performancegründen aufgehoben werden sollte. Ein einfacher Performancetest kann hier Klarheit verschaffen.

4.4.4 Testdesign

Performance Test

Um das modellierte Datenbankdesign zu verifizieren ist zunächst ein Performancetest nötig. Erst durch einen Performancetest kann entschieden werden, ob die gewählte Datenbankstruktur geeignet ist oder die Normalisierung aufgehoben werden muss. Folgender Join ist mit der jetzigen Datenbankstruktur nötig, um alle Schlagworte eines Reisenden abzufragen.

```
SELECT name, sum(count) as count FROM (
  SELECT tags.name, count(*) as count FROM tags
  INNER JOIN taggings t on t.tag_id = tags.id
  INNER JOIN blogs b on b.id = t.taggable_id
  INNER JOIN stops s on s.id = b.stop_id
  INNER JOIN journeys j on j.id = s.journey_id
  INNER JOIN travelers tr on tr.id = j.traveler_id
  WHERE (tr.id = #{traveler.id} and t.taggable_type = 'Blog')
  GROUP BY name
  UNION
```

```
SELECT tags.name, count(*) as count FROM tags
INNER JOIN taggings t on t.tag_id = tags.id
INNER JOIN pictures p on p.id = t.taggable_id
INNER JOIN stops s on s.id = p.stop_id
INNER JOIN journeys j on j.id = s.journey_id
INNER JOIN travelers tr on tr.id = j.traveler_id
WHERE (tr.id = #{traveler.id} and t.taggable_type = 'Picture')
GROUP BY name
) AS t1 GROUP by name;
```

Der vollständige Quellcode des Tests mit den zugehörigen YAML Fixtures zum Füllen der Testdatenbank befindet sich in Anhang B.2 auf Seite 43. Das Laden von Testdaten mit Hilfe von YAML Fixtures wird bei (Orsini 2007, S.238f) beschrieben. Der Aufruf des entwickelten Performancetest liefert folgendes Ergebnis:

```
$ ruby test/performance/tags_for_traveler_test.rb
Loaded suite test/performance/tags_for_traveler_test
Started

1000 Journeys
10000 Stop
10000 Blog
10000 Tag
10000 Taggings
Actually took 0.107300996780396

1 tests, 1 assertions, 0 failures, 0 errors
```

Die gemessenen Zeit von ca. 0.1s zeigt das zunächst keine Performanceprobleme zu erwarten sind, zumal die Messung auf einem wenig leistungsstarken Entwicklungsrechner durchgeführt wurde und die Abfrage in der Anwendung leicht gecacht werden kann.

Funktionstests

Als Beispiel sollen die Tests für die Hilfsfunktion tag_cloud() dienen. Die Methode tag_cloth() muss ein verschachteltes Array mit den Schlagworten und der zugehörigen Schriftgröße als CSS Klasse zurückgeben. Der vollständige Funktionstest zum Testen der Methode tag_cloud() sieht folgendermaßen aus:

```
require File.dirname(__FILE__) + '/abstract_unit'

```

```
class TagsHelperTest < Test::Unit::TestCase
  fixtures :tags, :taggings, :blogs

  include TagsHelper

  def test_tag_cloud
    cloud_elements = []

    tag_cloud Blog.tag_counts, %w(css1 css2 css3 css4) do |tag, css_class|
      cloud_elements << [tag, css_class]
    end

    assert_equal [
      [tags(:good), "css2"],
      [tags(:bad), "css1"],
      [tags(:nature), "css4"],
      [tags(:question), "css1"]
    ], cloud_elements
  end

  def test_tag_cloud_when_no_tags
    tag_cloud UntaggedBlog.tag_counts, %w(css1) do
      assert false, "tag_cloud should not yield"
    end
  end
end
```

4.4.5 Programmierung

Aus Gründen der Übersichtlichkeit sollen an dieser Stelle nur ausgewählte Beispiele der Implementierung gezeigt werden.

Hilfsfunktion zur Berechnung der Schriftgröße

Die Methode tag_cloud() erfüllt den in Kapitel 4.4.4 auf der vorherigen Seite beschriebenen Funktionstest und implementiert den Algorithmus zur Berechnung der Schriftgröße der im Kapitel 4.4.3 auf Seite 24 beschrieben wurde.

```
module TagsHelper
  def tag_cloud(tags, classes)
    return if tags.empty?

    max_count = tags.sort_by(&:count).last.count.to_f
```

```
    min_count = tags.sort_by(&:count).first.count.to_f

    tags.each do |tag|
      #normalisation for fontsize from 1 to classes[-1]
      if min_count < tag.count
        index = ((classes.size - 1) * (tag.count - min_count))/
      (max_count - min_count)
      else
        #classes[0] is fontsize 1
        index = 0
      end
      yield tag, classes[index]
    end
  end
end
```

Das Schlagwort mit der zugehörigen CSS Klasse wird mit Hilfe der yield-Anweisung von Ruby an einen Codeblock übergeben, in dem die Hilfsfunktion angewendet und die HTML Ausgabe erzeugt wird. Eine ausführliche Beschreibung von yield findet sich bei (Thomas u. a. 2005, S.357).

Anwendung der Hilfsfunktion zur Generierung der HTML Ausgabe

Der Codeblock ist in HTML Fragmente eingebettet. Zur Laufzeit wird der Rubycode vom Interpreter in reines HTML umgewandelt.

```
<h2>
  <%= "%s Tags:".t / params[:traveler_nickname].capitalize %>
</h2>

<div id="nav-section-tags">
  <% tag_cloud @tags, %w(tag1 tag2 tag3 tag4) do |tag, css_class| %>

    <%= link_to tag.name, { :traveler_nickname => params[:traveler_nickname]
        ],
    :action => :tagged, :j_id => tag.name }, current_tag(tag.name,
        css_class) %>

  <% end %>
</div>
```

Datenabfrage der Schlagworte für die Tag Cloud

Die Datenbankabfrage zur Generierung der Tag Cloud wird mit Hilfe von Active Record abstrahiert. Active Record ist eine Abstraktionsschicht für den Datenbankzugriff und wird in (Thomas u. a. 2006, 283ff) beschrieben.

```
#select all tags and count the taggings
def all_tags
  #the same stuff in find without having, having is not yet part of find
  @tags = Tag.find  :all,
                    :select => "name, COUNT(*) as count",
                    :joins => "
                    INNER JOIN taggings t on t.tag_id = tags.id
                    ",
                    :group => "name"
end
```

4.4.6 Integration und Deployment

Wie auch im Kapitel 4.3 Kleinigkeiten mit großer Wirkung soll auf die Phasen Integration und Deployment nicht im Detail eingegangen werden.

4.4.7 Usability Test

Abschließend wurde die korrekte Funktionsweise und die Bedienbarkeit der erstellten Masken zum Anzeigen und Eintragen von Schlagworten mit einem Usability Test verifiziert. Folgende Bildschirmfotos zeigen die implementierten Funktionen:

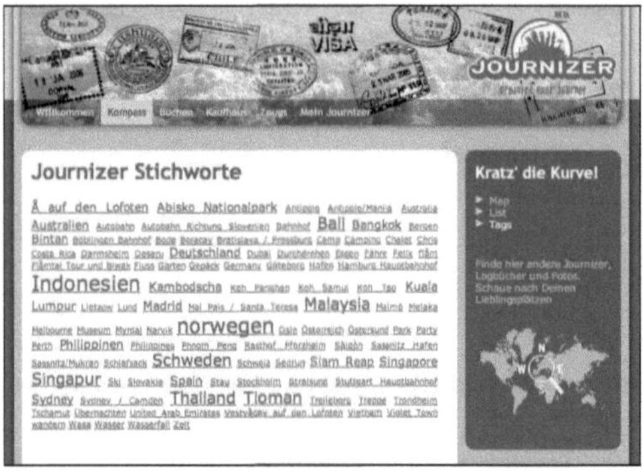

Bild 4.8: Alle Schlagwörter

Bild 4.9: Schlagwörter eines Reisenden

Bild 4.10: Ansicht der verschlagworteten Inhalte

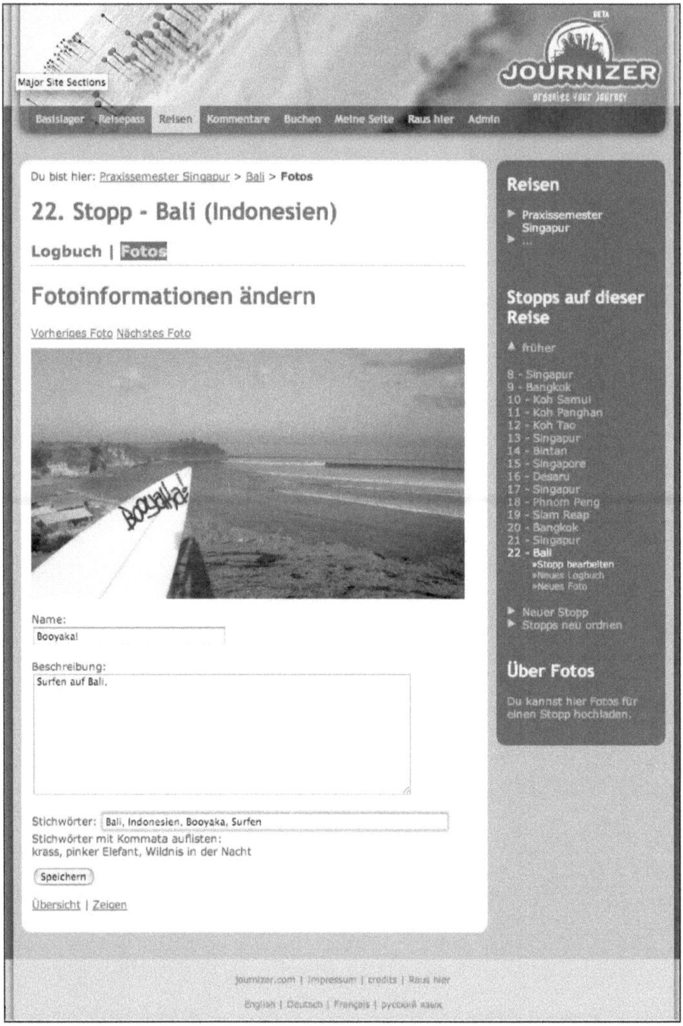

Bild 4.11: Eingabe der Schlagwörter

Kapitel 5

Zusammenfassung und Ausblick

Das Vorgehensmodell Usability Driven Development hat die gesetzten Erwartungen, Usability in einen agilen Prozess zu integrieren, vollstens erfüllt. Durch die Flexibilität des Vorgehensmodells bleibt die Dynamik die für agile Softwareentwicklung notwendig ist gewährleistet. Durch regelmäßige Usability Tests und Planungsspiele bekommen Entwickler schnelle Rückmeldung ob die Entwicklung in die richtige Richtung verläuft und Kunden haben die Möglichkeit die Anforderungen zu ändern. Da Journizer.com keine Auftragsentwicklung sondern eine Eigenentwicklung ist, hat ein Teammitglied der Geschäftsseite die Funktion des Kunden übernommen. So kann Usability Driven Development auch für Inhouseentwicklungen eingesetzt werden. Um einer Betriebsblindheit bei dieser Konstellation vorzubeugen müssen die Usablity Tests mit Anwendern besonders sorgfältig durchgeführt werden.

Die weiteren Schritte wären, zu untersuchen wie sich Usability Driven Development für die Entwicklung in größeren Entwicklerteams eignet. Anhand der Erfahrung mit XP kann davon ausgegangen werden, dass UDD problemlos bis zu einer Teamgröße von 10 Entwicklern eingesetzt werden kann. Weiterhin wären Wege aufzuzeigen wie möglichst kostengünstige und effiziente Usability Tests durchgeführt werden können. Auch konkrete Beispiele wie Integration und Deployment bei Journizer.com automatisiert durchgeführt werden sind nicht im Detail aufgeführt. Da diese Verfahren jedoch genau auf verwendete Technologie und Werkzeuge abgestimmt werden müssen, hätten diese Beispiele nur wenig Allgemeingültigkeit.

Abschliessend lässt sich ein positives Fazit ziehen. Usability und Ergonomie sind unabdingbare Faktoren erfolgreicher Softwareentwicklung. Agile Methoden bieten Softwarentwicklern die Flexibilität sich auf schnell ändernde Kundenwünsche einzustellen. Usability Driven Development verbindet beide Welten erfolgreich.

Literaturverzeichnis

Astels ASTELS, Dave: *Google TechTalks March 17, 2006 Beyond Test Driven Development: Behaviour Driven Development.* – URL `http://video.google.com/videoplay?docid=8135690990081075324`. – Zugriffsdatum: 26.12.2007

Beck 2000 BECK, Kent: *Extreme Programming . Das Manifest.* Addison-Wesley, 2000. – ISBN 3827317096

Beck 2003 BECK, Kent: *Test-driven development : by example.* Boston : Addison-Wesley, 2003. – ISBN 0321146530 (alk. paper)

Beck u. a. BECK, Kent ; BEEDLE, Mike ; BENNEKUM, Arie van ; COCKBURN, Alistair ; CUNNINGHAM, Ward ; FOWLER, Martin ; GRENNING, James ; HIGHSMITH, Jim ; HUNT, Andrew ; JEFFRIES, Ron ; KERN, Jon ; MARICK, Brian ; MARTIN, Steve ; SCHWABER, Ken ; SUTHERLAND, Jeff ; BECK, Kent ; BEEDLE, Mike ; BENNEKUM, Arie van ; COCKBURN, Alistair ; CUNNINGHAM, Ward ; FOWLER, Martin ; GRENNING, James ; HIGHSMITH, Jim ; HUNT, Andrew ; JEFFRIES, Ron ; KERN, Jon ; MARICK, Brian ; MARTIN, Steve ; SCHWABER, Ken ; SUTHERLAND, Jeff ; THOMAS, Jeff: *Manifesto for Agile Software Development.* – URL `http://agilemanifesto.org/`. – Zugriffsdatum: 22.12.2007

Beck und Fowler 2001 BECK, Kent ; FOWLER, Martin: *Planning extreme programming.* Boston : Addison-Wesley, 2001. – ISBN 0201710919 (pbk.)

Clark 2005 CLARK, Mike: *Pragmatisch Programmieren - Projekt-Automatisierung.* Hanser Fachbuchverlag, 2005. – ISBN 3446400087

Clauberg 1968 CLAUBERG, Johann: *Opera omnia philosophica.* Hildesheim : G. Olms, 1968

Deleuze und Guattari 1992 DELEUZE, Gilles ; GUATTARI, Felix: *Tausend Plateaus. Kapitalismus und Schizophrenie.* Merve, 1992. – ISBN 3883960942

Deutsches Institut für Normung e.V. 1999 DEUTSCHES INSTITUT FÜR NORMUNG E.V.: *Benutzer-orientierte Gestaltung interaktiver Systeme (ISO 13407:1999); Deutsche Fassung EN ISO 13407:1999.* 1999

Deutsches Institut für Normung e.V. 2006 DEUTSCHES INSTITUT FÜR NORMUNG E.V.: *Ergonomie der Mensch-System-Interaktion - Teil 110: Grundsätze der Dialoggestaltung (ISO 9241-110:2006); Deutsche Fassung EN ISO 9241-110:2006.* 2006

Fowler und Beck 1999 FOWLER, Martin ; BECK, Kent: *Refactoring : improving the design of existing code.* Reading, MA : Addison-Wesley, 1999. – ISBN 0201485672

Humboldt und Leitzmann 1903 HUMBOLDT, Wilhelm ; LEITZMANN, Albert: *Gesammelte Schriften.* Berlin : B. Behr, 1903

Hunt und Thomas 2003 HUNT, Andrew ; THOMAS, David: *Der Pragmatische Programmierer.* Hanser Fachbuch, 2003. – ISBN 3446223096

IBM - Usability Engineering Team IBM - USABILITY ENGINEERING TEAM: *Ease of Use.* – URL `http://ibm.com/easy`. – Zugriffsdatum: 23.12.2007

Knuth 1992 KNUTH, Donald E.: *Literate programming.* Bd. no. 27. Center for the Study of Language and Information, 1992. – URL `http://www.loc.gov/catdir/description/cam024/91039510.html`. – ISBN 0937073806 (paper)

McConnell 1993 MCCONNELL, Steve: *Code complete : a practical handbook of software construction.* Redmond, Wash. : Microsoft Press, 1993. – ISBN 1556154844

Nielsen 1993 NIELSEN, Jakob: *Usability engineering.* Boston : Academic Press, 1993. – ISBN 0125184050 (acid-free paper)

Opdyke 1992 OPDYKE, William F.: *Refactoring Object-Oriented Frameworks.* Urbana-Champaign, IL, USA, Dissertation, 1992. – URL `http://citeseer.ist.psu.edu/opdyke92refactoring.html`

Orsini 2007 ORSINI, Rob: *Rails cookbook.* Bejing : O'Reilly, 2007. – URL `http://www.loc.gov/catdir/enhancements/fy0728/2007274357-d.html`. – ISBN 9780596527310 (pbk.)

Saint-Exupéry und Becker 1941 SAINT-EXUPÉRY, Antoine d. ; BECKER, Henrik: *Wind, sand und sterne.* K. Rauch, 1941

Seffah u. a. 2005 SEFFAH, Ahmed ; GULLIKSEN, Jan ; DESMARAIS, Michel C.: *Human-computer interaction series.* Bd. v. 8: *Human-centered software engineering : integrating usability in the software development lifecycle.* Dordrecht : Springer, 2005. – ISBN 140204027X

Shneiderman 1998 SHNEIDERMAN, Ben: *Designing the user interface : strategies for effective human-computer-interaction.* 3rd ed. Reading, Mass : Addison Wesley Longman, 1998. – ISBN 0201694972

Thomas u. a. 2005 THOMAS, David ; FOWLER, Chad ; HUNT, Andrew: *Programming Ruby : the pragmatic programmers' guide.* 2nd ed. Raleigh, N.C. : Pragmatic Bookshelf, 2005. – URL `http://www.loc.gov/catdir/enhancements/fy0715/2005299026-d.html`. – ISBN 0974514055 (pbk.)

Thomas u. a. 2006 THOMAS, David ; HANSSON, David H. ; BREEDT, Leon: *Agile web development with rails.* 2nd ed. Raleigh, N.C. : Pragmatic Bookshelf, 2006 (The facets of Ruby series). – URL `http://www.loc.gov/catdir/enhancements/fy0715/2007272494-d.html`. – ISBN 9780977616633 (pbk. : alk. paper)

Torres 2002 TORRES, R. J.: *Practitioner's handbook for user interface design and development.* Upper Saddle River, NJ : Prentice Hall PTR, 2002. – ISBN 0130912964

Vredenburg u. a. 2002 VREDENBURG, Karel ; ISENSEE, Scott ; RIGHI, Carol: *User-centered design : an integrated approach.* Upper Saddle River, NJ : Prentice Hall PTR, 2002. – ISBN 0130912956 (pbk.)

Whorf 1956 WHORF, Benjamin L.: *Language, thought, and reality: selected writings.* Technology Press of Massachusetts Institute of Technology, 1956 (Technology Press books in the social sciences)

Anhang A

World Usability Day

A.1 Aufgaben des Usability Tests

Usabilitytest

JOURNIZER

Organize Your Journey

Aufgaben

1. Du planst eine Rundreise durch Nordamerika. Welche Möglichkeiten bietet dir Journizer dich für deine Reise zu Informieren?

2. Deine Zugangsdaten sind:
Benutzername: reisefieber
Passwort: tramper123
Bitte melde dich an.

3. Du bist an deinem nächsten Ziel angekommen. Teile den Daheimgebliebenen deine Erlebnisse mit.

Bewertung

	Super	Gut	Geht so
Wie gefällt dir das Design von Journizer?	☐	☐	☐
Wie plausibel findest du die Menüführung auf den externen Seiten?	☐	☐	☐
Wie plausibel findest du die Menüführung im internen Bereich?	☐	☐	☐
Wie schnell hast du den Aufbau einer Reise in Journizer erfasst?	☐	☐	☐

Kommentare:

Wenn du deine Tests zuhause noch ausfeilen willst, oder du zu den zig reiselustigen Menschen gehörst und deine Reise einstellen willst, kein Problem: Werde hier und jetzt zum Journizer und lasse dir einen Account einrichten.

Wir danken dir, dass du dir ein wenig Zeit genommen hast! Viel Spaß beim Lesen vom Journizer's Log. Auf Journizer auch als PDF zum herunterladen.

A.2 Auswertung

Umfrageergebnisse

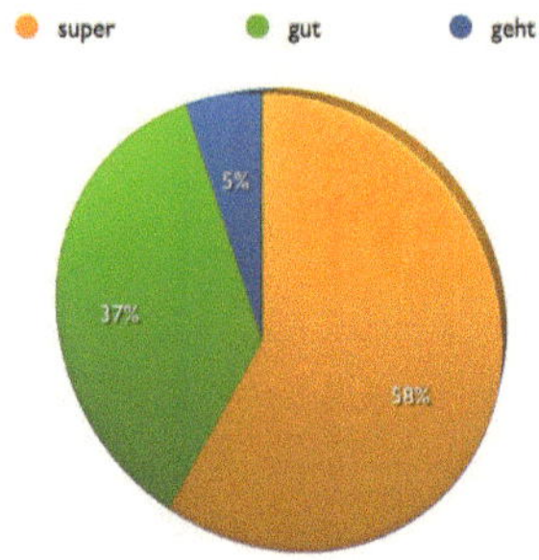

Bild A.1: Wie gefällt dir das Design von Journizer?

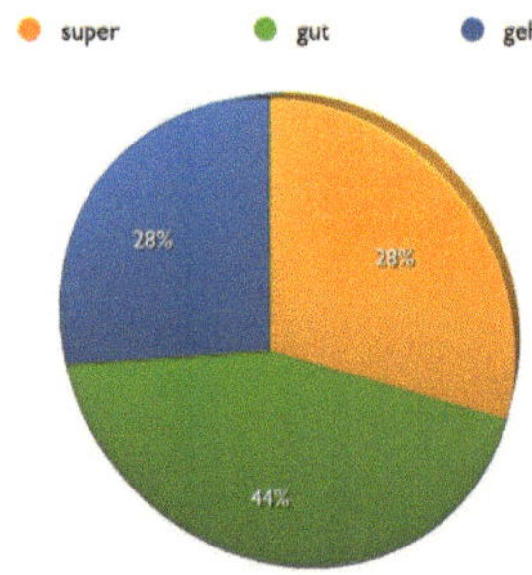

Bild A.2: Wie schnell hast du den Aufbau einer Reise in Journizer erfasst?

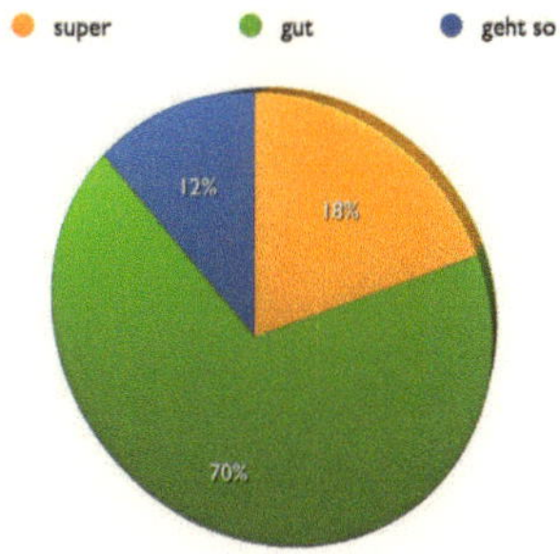

Bild A.3: Wie plausibel findest du die Menüführung auf den externen Seiten?

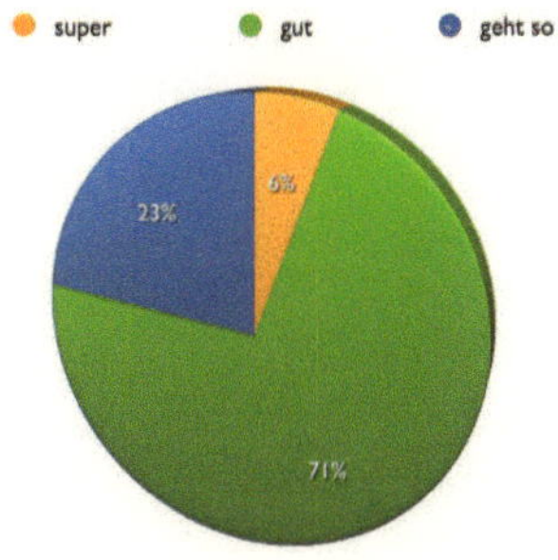

Bild A.4: Wie plausibel findest du die Menüführung im internen Bereich?

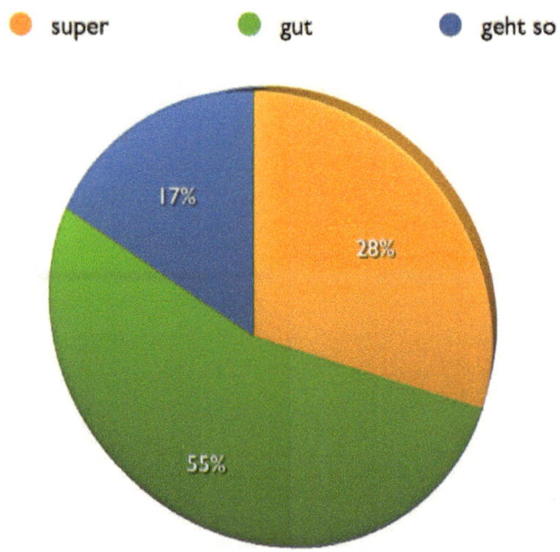

Bild A.5: Gesamtbeurteilung

Kommentare der Testpersonen

- Gute Idee, muss noch übersichtlicher werden.
- Die Menübenennung verwirrt.
- Farben nicht so intensiv.
- Wenn es fertig ausgebaut ist, mit Sicherheit eine interessante Seite.
- Kategorien.
- Menüführung lässt sich noch verbessern, nicht alle Orte sind auffindbar bei Hotelsuchen (z.B. Portsmonth/New Hampshire, USA)
- Sehr gute Idee und schon erstaunlich professionell . Objektiver Hinweis: Was muss man gesehen haben.
- Ich möchte mehr einfach klicken und weniger suchen müssen.
- Aussagekräftigere Menüpunkte. - Basislager .. Neue Reise anlegen können.
- Suchfunktion!
- Anfangs bisschen schwierig zu verstehen, später gut.

Anhang B

Quellcodes

B.1 Kleinigkeiten mit großer Wirkung

error.css

```
/*error*/

.fieldWithErrors {
  padding: 2px;
  background-color: red;
  display: table;
}

#errorExplanation {
  width: 474px;
  border: 2px solid red;
  padding: 7px;
  padding-bottom: 12px;
  margin-bottom: 20px;
  background-color: #f0f0f0;
}

#errorExplanation h2 {
  text-align: left;
  font-weight: bold;
  padding: 5px 5px 5px 15px;
  font-size: 12px;
  margin: -7px;
  background-color: #c00;
  color: #fff;
}
```

```

#errorExplanation p {
  color: #333;
  margin-bottom: 0;
  padding: 5px;
}

#errorExplanation ul li {
  font-size: 12px;
  list-style: square;
}

/*end error*/
```

B.2 Performance Test

tags_for_traveler_test.rb

```
require File.dirname(__FILE__) + '/../test_helper'

class TagsForTravelerTest < Test::Unit::TestCase

  fixtures = %w{journeys stops blogs tags taggings}

  (fixtures).each do |f|
      Fixtures.create_fixtures(File.dirname(__FILE__) +
                               "/../fixtures/performance", f)
  end

  def test_join_under_one_second
    elapsedSeconds = Benchmark::realtime do
     @tags = Tag.find_by_sql("SELECT name, sum(count) as count FROM (
       SELECT tags.name, count(*) as count FROM tags
       INNER JOIN taggings t on t.tag_id = tags.id
       INNER JOIN blogs b on b.id = t.taggable_id
       INNER JOIN stops s on s.id = b.stop_id
       INNER JOIN journeys j on j.id = s.journey_id
       INNER JOIN travelers tr on tr.id = j.traveler_id
       WHERE (tr.id = 1 and t.taggable_type = 'Blog') GROUP BY name
       UNION
       SELECT tags.name, count(*) as count FROM tags
       INNER JOIN taggings t on t.tag_id = tags.id
       INNER JOIN pictures p on p.id = t.taggable_id
       INNER JOIN stops s on s.id = p.stop_id
       INNER JOIN journeys j on j.id = s.journey_id
```

```
        INNER JOIN travelers tr on tr.id = j.traveler_id
        WHERE (tr.id = 1 and t.taggable_type = 'Picture') GROUP BY name
      ) AS t1 GROUP by name;")
    end
    assert elapsedSeconds < 1.0, "Actually took #{elapsedSeconds}"

    num_journeys = Journey.count
    num_stops = Stop.count
    num_blogs = Blog.count
    num_tags = Tag.count
    num_taggings = Tagging.count
    puts "#{num_journeys} Journeys"
    puts "#{num_stops} Stop"
    puts "#{num_blogs} Blog"
    puts "#{num_tags} Tag"
    puts "#{num_taggings} Taggings"
    puts "Actually took #{elapsedSeconds}"
  end
end
```

blogs.yml

```
---
<% for i in 1..10000 %>

blog_<%= i %>:
  id: <%= i %>
  title: "Jetzt geht es los"
  content: "Auf dieser Reise nach Singapur"
  place_id: 2
  date: "2006-11-01 12:31:00"
  stop_id: 22
  language: "de"

<% end %>
```

journeys.yml

```
---
<% for i in 1..1000 %>

journey_<%= i%>:
  end_date:
  start_date: 2007-02-21 09:15:00
  place_id: "42"
  language: de
```

```
  stop_id: "1"
  id: <%= i %>
  description: Mein Praxissemster in Singapur
  finished: "0"
  traveler_id: "1"
  active: "1"
  journey_name: Praxissemester Singapur

<% end %>
```

stops.yml

```
---
<% for i in 1..10000 %>

  stops_<%= i%>:
    place_id: "681"
    journey_id: <%= i %>
    id: <%= i%>
    stop_order: "10"
    departure_date:
    vehicle_id: "3"
    arrival_date:

<% end %>
```

taggings.yml

```
---
<% for i in 1..10000 %>

taggings_<%= i%>:
  tag_id: <%= i%>
  id: <%= i%>
  taggable_type: Blog
  taggable_id: "22"
  created_at: 2007-12-04 18:07:09

<% end %>
```

tags.yml

```
---
<% for i in 1..10000 %>

tags_<%= i%>:
```

```
  name: Baum
  id: <%= i%>

<% end %>
```